抵抗と政治

モクタダ・アル・サドル、抵抗と政治の男

ナディム・アル・アバディ
Nadhim Al-Abadi

2018

ISBN-13: 978-1976122071

ISBN-10: 1976122074

抵抗と政治

モクタダ・アル・サドル、抵抗と政治の男

ナディム・アル・アバディ

RESISTANCE AND POLITICS
MOQTADA AL-SADR, A MAN OF RESISTANCE AND POLITICS
Nadhim Al-Abadi

dr.nadhim@gmail.com
Ass. Prof. Dr. Nadhim M. Faleh
Al-Mustansiriah Univ., Engineering collage.,
P.O. Box 46049, Bab-Muadum, Baghdad 10001, IRAQ.
Tel: 00964/7709776846
Mail: drnadhim@gmail.com
ISBN-13: 978-1976122071

ISBN-10: 1976122074

Contents

深刻化

私は、その男が戦うことを思わなかった。サドル派は平和な圧力か、選挙かでアメリカ人を出すことができると思っていた。たいていアル・ハウザ新聞に書き、あそこにいていた。

２００４年４月、アメリカ軍がイラクに立ち入った一年後に、アル・ハウザ新聞の所有者と会って、サドルは彼らと会議をし、アメリカの人たちに対するスピーチのエスカレーションを頼まれたと教えてくれたのだ。

新聞を廃刊される前に、終刊号の時評欄にブレマーに対する暴動のメッセージが書かれた。それで、アメリカの外交官のポール・ブレマーは新聞を廃刊する命令を出した。

廃刊の命令はサドルにとって良い知らせだった。自由と民主主義についてアメリカの人たちと彼らの偽スローガンを摘発したかったのだ。この暴動のメッセージがもう出版されたのに、サドルは飽き足らなかった。

次の日、ジュマの礼拝で、アメリカに対して強い脅威がある革命の宗教的な説教があって、みんなは驚いた。サドルはイラクに地震を起こすことでアメリカ軍を脅かした。イラクにあるアメリカのプロジェクトをアフガニスタンであっても全部滅ぼしてやると言った。

私は、新聞の所有者はあのエスカレートをためらっ
たり、恐怖でぞっとしたりすることを感じた。あの
とき、サドルの強いエスカレートに反対だったのだ
。
彼は「段階的なエスカレーションすることで合意を
したのに、サドルは今急に精通しずエスカレーショ
ンしている。最後のジュマの説教で彼はイラクにハ
マスの腕と述べたが、我々の合意と違っているだろ
う」と私に言った。
サドルはアメリカを戦いに誘い込もうとしているの
で、アメリカの人たちに対してスピーチのエスカレ
ーションすることを決めた。
私の理解では、ムクタダー・アッ＝サドルはアメリ
カ軍に対 してエスカレーションするしかないことに
気づいたのは、こういう理由にあるからだと思う：
一つ、思想的とイデオロギー的の面から、サドルは
神様のプロジェクトにイラクが重要だと信じている
。今はイラクが失われる気がする。
二つ、サドルは宗教的な設立の評判のための犠牲に
なるべきだと思った。宗教的な設立はアメリカから
怖かったし、身体的に弱いし、意気が沮喪している
から、黙るしかなかった。
三つ、アメリカはイラクが植民地になるためにアメ
リカに従っている政党と協力していると強調した。
また、平和的な要求を無視したアメリカは軍の反対
勢力がなければ、絶対にこの目的をやめないことも
強調した。

四つ、サドルはアメリカとイランの合意があると感
じた。非公式の合意だけど、はっきりした実際的な
合意だ。この合意は両国にイラクを分割する予定だ
。
五つ、サドルは、自分自身と彼の支持者を打ち立て
る行儀と歴史を大切にしている。
それに、イラクを未知の運命から助けて占領に抵抗
しなければならないというサドル派の原則もある。
遺産
ムクタダー・アッ＝サドルは彼の父から天下に轟い
た名声や何千もの支持者などの幅広い遺産を継いだ
。
庶民や多くの 情熱に満ちている若者や、族長や宗教
家や、詩人・作家や大学教授・大学生や非宗教の人
たちなどの大勢の人が彼の父に従った。
ムクタダー・アッ＝サドルは多くの人たちにねたま
れていた。どんな宗教家でも、政治家でも、このす
ごい遺産を願うはずなのだ。
しかし、本当にサドルは幸福に暮らしているのか？
私は近く見ると、サドルはかわいそうな人だった。
懸念や大きい責任を持っている男なのだ。
そして、サドル派は活気のある人で情熱に満ちてい
る若者だから、管理しにくい。
何千もの人達は調停者なしサドルと直接の連絡が欲
しい。また、サドル派は一人ずつサドルにしてもら
いたいプロジェクトがある。

だから、サドルは毎日２０時間以上働いていたのだ
。ほとんどの時間は、貧しい人や族長や宗教家など
の彼を従っている客を迎えることに過ごしている。
毎日、若者や大学生や詩人や宗教家などの訪問団を
迎えている。その上に彼の軍の問題が終わらない。

モクタダ・アル・サドル

メディアとプレスで

モクタダ・アル・サドル

メディアとプレスで

イラクでの米軍の歴史的な敵は
"Moqtadaアル・サドル、当日、イラク北部キルクーク州に送られたイラクのシーア派指導者は、バグダッドの軍は遠くない行政の国境からAltun Kupri、州北部の町の完全な制御を取り戻していること「民間人の保護と安全保障の回復」を目的とした軍隊である。"i

プレス機関アナドルイハブ・ムハンマド、アル・サドル（サラヤ・アル・サラム - 平和旅団）によって送られた力の公式で述べたように、シーア派指導者は、「セキュリティを復元し、民間人を保護するために彼の民兵を命じました連邦軍がそれを支配した後のキルク州における最近の出来事を踏まえて、

当局者はこれ以上の詳細を追加しなかった。 シーア派聖職者、イラクでの米軍の歴史的な敵は、首相ハイダーアル・アバディ率いる政府の非常に重要ですが、同時に跳び、そこからクルドの独立性に投票に反対 "キルク州でバグダッド軍に不快感を与える。

Moqtadaアル・サドル、当日、イラク北部キルクーク州に送られたイラクのシーア派指導者は、バグダッドの軍は遠くない行政の国境からAltun Kupri、州北部の町の完全な制御を取り戻していること「民間人の保護と安全保障の回復」を目的とした軍隊である。

プレス機関アナドルイハブ・ムハンマド、アル・サドル（サラヤ・アル・サラム、平和旅団）によって送られたカ

写真番号 1[ii]

サドル師が暴力と宗派主義を避け

"ニューヨークタイムズ紙は、5月2日付社説で、イラクの政情の混乱に関連し、サドル師が暴力と宗派主義を避け、反汚職を引き続き打ち出すならば、アバディ首相の改革に助けとなり得る、と指摘しています。社説の要旨は以下の通り。"iii

　シーア派聖職者モクタダ・アル・サドル師の支持者によるイラク議会の占拠は、象徴的意味に満ちている。4月30日、デモ隊は厳重に防護されている「グリーン・ゾーン」（旧米軍管轄区域）に侵入、国民から支配層のエリートを隔てていた壁を打ち倒し、議員の事務所を荒らし、テクノクラートによる新たな政権が政治的利権のネットワークに取って代わるよう要求した。5月1日、デモ隊はサドル師の要請に従って撤退した。

　イラク政治の不安定を考えれば、この示威行動が何に繋がるかは予測不可能であるが、サドル師（元民兵指導者で、自らを反腐敗改革者と位置づけ直している）が、力を維持していることを明らかにした。

　サドル師は、次にどういう行動をとるかにより、イラク政治の分極化を深めることも、機能する政府を作るとのアバディ首相の努力を前進させることもできる。後者の可能性が、イラクがISから領土を奪還し、原油安による経済危機にたちむかう唯一の道である

ニューヨークタイムズ紙は、5月2日付社説で、イラクの政情の混乱に関連し、サドル師が暴力と宗派主義を避け、反汚職を引き続き打ち出すならば、アバディ首相の改革に助けとなり得る、と指摘しています。社説の要旨は以下の通り。

写真番号 2^{iv}

ムクタダー・アッ＝サドル

ムクタダー・アッ＝サドル（アラビア語: مقتدى الصدر、Muqtadā aṣ-Ṣadr、1973年8月12日 - ）は、イラクのシーア派（十二イマーム派）のウラマーで、フッジャトル・イスラーム。シーア派の反米強硬派民兵組織マフディー軍及び政治組織「サドル潮流（英語版）」の指導者。

イラクにおけるシーア派のイスラム主義政治運動のリーダーだったムハンマド・バーキル・サドル（英語版）を輩出したサドル家の出身で、父ムハンマド・サーディク・アッ＝サドル（英語版）はムハンマド・バーキルの死後イラクにおけるシーア派の指導者となっていたが1999年にサッダーム・フセイン政権によって暗殺された高位法学者であった。ムクタダーは、ムハンマド・サーディクから慈善活動などを行うシーア派運動を引き継いだが、自身はウラマーとして十分な教育を受けておらず、法学者としての位階は低い。

父の死後、彼らの派閥はイラクのシーア派の中で勢力を失い、アメリカなど諸外国にも政治的影響力を認められていなかった。しかし2003年、イラク戦争でアメリカが「戦闘終結宣言」をおこない国際紛争としてのイラク戦争が終戦となった後、バグダードのシーア派居住地域で社会慈善活動を拡大して支持を広めるとともに、民兵組織としてマフディー軍を創設した。

サドル派は、イスラム国家樹立を目指す立場を取り
、反米的な態度を取って占領軍に抵抗した。サドル
は連合国暫定当局の行うイラクの占領統治を公然と
批判し、自身が暫定当局に任命されたイラク統治評
議会にかわって統治を行う政府を運営すると宣言し
た。一方、シーア派内でも、高位法学者アリー・シ
スターニーを指導者とする主流派や、ムハンマド・
バーキル・ハキーム率いるイラク・イスラム革命最
高評議会などの親米的な穏健派と対立を深めた。

また、サドルは暫定当局により2003年に親米穏健派
のシーア派指導者であったアブドゥル＝マジード・
ホーイー（英語版）が暗殺された事件の容疑者とみ
なされており、逮捕状が出ている。[v]

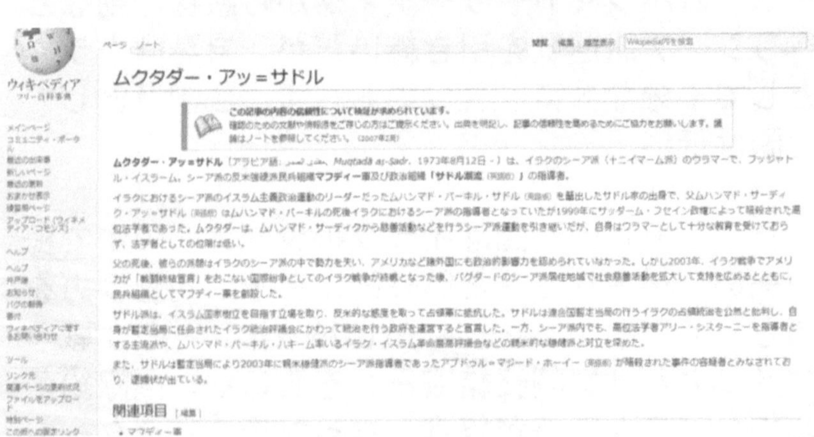

写真番号 *3*

イラクが危機を脱する方法とは？

"ニューヨークタイムズ紙は、5月2日付社説で、イラクの政情の混乱に関連し、サドル師が暴力と宗派主義を避け、反汚職を引き続き打ち出すならば、アバディ首相の改革に助けとなり得る、と指摘しています。社説の要旨は以下の通り。"vi
未だ力維持するシーア派聖職者サドル師
　シーア派聖職者モクタダ・アル・サドル師の支持者によるイラク議会の占拠は、象徴的意味に満ちている。4月30日、デモ隊は厳重に防護されている「グリーン・ゾーン」（旧米軍管轄区域）に侵入、国民から支配層のエリートを隔てていた壁を打ち倒し、議員の事務所を荒らし、テクノクラートによる新たな政権が政治的利権のネットワークに取って代わるよう要求した。5月1日、デモ隊はサドル師の要請に従って撤退した。

　イラク政治の不安定を考えれば、この示威行動が何に繋がるかは予測不可能であるが、サドル師（元民兵指導者で、自らを反腐敗改革者と位置づけ直している）が、力を維持していることを明らかにした。

サドル師は、次にど

サドル師がイラク政治の最前線に戻ってきたことを
脅威と考えないことはむずかしい。米国によるイラ
ク占領期間中の殆ど、サドル師は目標達成のために
暴力に頼った。サドル師の民兵組織Mahdi Armyは、
米国が支援する政府を不安定化させ、米兵士を殺害
するために、グリーン・ゾーンに砲弾を撃ち込み、
2005年から2006年の間の残酷な宗派戦争において指
導的役割を果たした。議会におけるサドル師の陣営
は、2010年のマリキの首相留任を支持するなど、キ
ングメーカーの役割を果たした。そして、サドル派
に運営されている省庁は、サドルが今非難している
縁故主義のよい例である。

アバディ首相の計画支持するサドル師
　2014年にサドル師は政治から手を引くと宣言、そ
れ以来自らを、宗派によらず貧者の味方をする宗教
的指導者であるとしている。一年前、サドル師は、
有能な大臣を任命し、官僚の数を減らし、汚職と戦
うために、民族的割り当てに基づく政府のシステム
を変革しようとするアバディ首相の計画を支持した
。

　これらの変化は何としても必要である。イラクは、毎月30億ドルの予算不足を埋め合わせるために、外貨準備を取り崩している。イラクの二大都市、ファルージャとモスルはISに支配されている。先週、シーア派中心の政府を率いるアバディ首相は、何とか5人の新大臣の承認を議会から得た。他の大臣ポスト指名者に対する公聴会の開催が拒否されたことが、今回のグリーン・ゾーンにおける抗議を引き起こした。

サドル師は5月1日、支持者たちにグリーン・ゾーンから離れるよう指示し、暴力を控え民族主義のスローガンを唱えるよう求めた。サドル師は声明において、議員が政治改革の妨げになり続けるならば、彼の支持者たちは新たな選挙を求めるだろう、と警告した。サドル派がこれまでのところ暴力をかなり控え、彼らの集会が宗派的でないことには勇気づけられる。サドル師がこのやり方を続けるならば、街頭抗議が、政府が必要とする改革を議会に強いるという政治的支援をアバディ首相に与えることになるかもしれない。[vii]

イラクが危機を脱する方法とは？ - 岡崎研究所

　ニューヨークタイムズ紙は、5月2日付社説で、イラクの政情の混乱に関連し、サドル師が暴力と宗派主義を避け、反汚職を引き続き打ち出すならば、アバディ首相の改革に助けとなり得る、と指摘しています。社説の要旨は以下の通り。

未だ力維持するシーア派聖職者サドル師

　シーア派聖職者モクタダ・アル・サドル師の支持者によるイラク議会の占拠は、象徴的意味に満ちている。4月30日、デモ隊は厳重に防護されている「グリーン・ゾーン」（旧米軍管轄区域）に侵入、国民から支配層のエリートを隔てていた壁を打ち倒し、議員の事務所を荒らし、テクノクラートによる新たな政権が政治的利権のネットワークに取って代わるよう要求した。5月1日、デモ隊はサドル師の要請に従って撤退した。

　イラク政治の不安定を考えれば、この示威行動が何に繋がるかは予測不可能であるが、サドル師（元民兵指導者で、自らを反腐敗改革者と位置づけ直している）が、力を維持していることを明らかにした。

ソースとリファレンス

i https://www.prpchannel.com/ja/geopolitica/politica-estera/moqtada-al-sadr-invia-iraq-nuove-forze-proteggere-civili-ripristinare-la-sicurezza/

ii https://www.prpchannel.com/ja/geopolitica/politica-estera/moqtada-al-sadr-invia-iraq-nuove-forze-proteggere-civili-ripristinare-la-sicurezza/

iii http://wedge.ismedia.jp/articles/-/6888

iv http://wedge.ismedia.jp/articles/-/6888

v

https://ja.wikipedia.org/wiki/%E3%83%A0%E3%82%AF%E3%82%BF%E3%83%80%E3%83%BC%E3%83%BB%E3%82%A2%E3%83%83%EF%BC%9D%E3%82%B5%E3%83%89%E3%83%AB

vi http://blogos.com/article/177585/

vii http://www.nytimes.com/2016/05/03/opinion/turbulent-politics-in-baghdad.html?ref=opinion&_r=0